Cómo superar una Traición

Despertar del Engaño, Volume 3

Christian Peña

Published by Christian Peña, 2024.

CÓMO SUPERAR UNA TRAICIÓN

First edition. April 6, 2024.

Copyright © 2024 Christian Peña.

ISBN: 979-8224068111

Written by Christian Peña.

Table of Contents

CÓMO SUPERAR UNA TRAICIÓN

Christian Peña

Introducción

SABEMOS QUE LA VIDA es algo maravilloso que Dios nos da, la vida es bella por los buenos y malos momentos, porque sin lo bueno tampoco estaría lo malo, es un equilibrio que las personas creen erróneamente, que la vida solo debe tener buenos momentos, negarse a lo malo es negarse a la vida, vaya ironía.

La vida es lo que es por todo lo que conlleva, y es necio aceptar solo lo que a uno le conviene, y rechazar lo que no conviene ¿Por qué? Porque estarías evitando la propia vida, estarías engañándote a ti mismo y porque a la larga esa clase de paradigmas solamente te va a perjudicar en tu aprendizaje con las experiencias que te brinda.

El tema que se desarrollará en profundidad es la traición, desde las causas posibles hasta que es lo que se puede hacer cuando ocurre y cómo superarla.

Cuando traicionan a alguien ya sea una amistad relación de pareja o familiar, el daño puede variar pero hay una cosa decisiva, lo que ocurre después, porque cuando alguien es traicionado está obligado a responder de cierta manera y dependiendo de quien se trate puede ser que el traicionado caiga en debilidad y se someta a adicciones para aliviar el dolor inmediatamente negando lo ocurrido, o por el contrario salga fortalecido por la experiencia.

Una experiencia tan fuerte como una traición puede ser buena o mala dependiendo a quien le ocurre.

Es importante aprender a recibir con los brazos abiertos lo bueno que te da la vida, tanto como lo malo, uno puede aprender de ambas partes, por doloroso que sea, eso te puede dar las pautas para tomar mejores decisiones a futuro.

Las cosas ocurren por algo, no es por simple casualidad, y no quiero generalizar pero la mayoría de cosas que le ocurren a las personas en su vida son por causa de algo mas, que algo superficial, las cosas que ocurren o que son como son ahora, son porque ha habido en un tiempo atrás, una causa que la activo, poco a poco hasta vive el efecto actual.

Además cuando alguien traiciona a una persona, por lo general es una señal de que debes terminar con la relación, no siempre es el caso, pero el punto es que se debe aprender de lo ocurrido, analizar por qué ocurrió en primer lugar y tomar la responsabilidad de la situación.

Así es como una persona crece interiormente, emocionalmente y en espíritu, quizá el que te hayan traicionado fue lo mejor pudo haberte ocurrido aunque en su momento de ninguna manera lo veías así.

Las personas a veces son distraídas, y no notan las cosas que hacen en su momento, todos hemos hecho algo malo en el pasado nadie está libre de pecado, y cuando a esas mismas personas les ocurren algo malo como que les traicionan no entienden porqué les paso.

Ya sea por malas decisiones o por ignorancia, o como algunos dicen por inocencia, el punto es que la vida te lanza un balde de agua fría para que reacciones y te des cuenta de lo que realmente está pasando.

Los diversos puntos a tratar serán abordados de manera que se pueda entender, es probable que se repitan algunos conceptos pero se lo hicieron de manera adrede, por el motivo de que la repetición es la madre del aprendizaje.

También hay ejemplos en forma de historias para entender de una mejor manera los puntos a tratar en el libro.

No hay muchos libros que hablen sobre este tema, de la traición se ha escrito mucho en base a novelas y relatos hasta poemas, pero aquellas escrituras, que abordan la traición y las maneras de tratarla, escasean actualmente.

La vida puede abrirte los ojos de las maneras menos esperadas

Capítulo 1
Antes de empezar

Una cosa fundamental y básica que nos enseña la vida es que lo que damos recibimos, ésta afirmación suena muy usada en muchos otros libros pero déjame explicarte desde otro ángulo.

Si no quieres ser traicionado no traiciones en primer lugar, suena simple, pero sabemos que la vida no suele ser así de fácil y sencilla. Antes de profundizar en lo que se debe hacer cuando resultamos traicionados, debes saber que para ser impune, no debes traicionar a menos que estés dispuesto a ser traicionado en las mismas proporciones, o sea que quieras o no en algún momento de tu vida vas a pagar por las cosas que haces a los demás ya sean buenas o malas, todo lo terminarás recibiendo en algún momento.

¿Por qué enfatizo esto? Pues porque muchísima gente se queja de que le han sido infiel o se aprovecharon de su confianza, o los traicionaron de las maneras que te puedas imaginar, esa gente se queja (y yo también lo hice en su momento), es que no se ponen a pensar el por qué ha ocurrido dicho acontecimiento, de hecho no se ponen a pensar, solo reaccionan.

Creen que las cosas ocurren por mera casualidad y listo, no realmente, en realidad las cosas que te pasan hoy en día son porque en algún momento pasado hiciste o decidiste algo, o te ocurrió algo que te hizo tomar una decisión, por lo general las cosas que uno experimenta en la niñez son el gran factor que desencadenó un montón de acciones en el futuro como en tu adolescencia o juventud por decir algo, y puede ser que no seas consciente, que por ello ahora vives las experiencias que vives, y tienes la vida que tienes.

En las profundidades del bosque de Sherwood, durante los tiempos turbulentos de la Inglaterra medieval, vivía un joven forajido llamado Robin Hood. Con su banda de proscritos, Robin luchaba contra la injusticia, robando a los ricos para dar a los pobres y desafiando al corrupto Sheriff de Nottingham.

Sin embargo, entre los seguidores de Robin Hood se encontraba un hombre llamado Allan, quien se había unido a la banda en busca de redención por sus pecados pasados. Aunque al principio demostró lealtad y valentía, Allan comenzó a sentir la tentación del poder y la riqueza que ofrecían sus antiguos enemigos.

Un día, Allan fue abordado por los secuaces del Sheriff de Nottingham, quienes le ofrecieron una recompensa generosa a cambio de información sobre los movimientos y planes de Robin Hood. Tentado por la promesa de riquezas y una vida libre de peligro, Allan traicionó a sus compañeros, revelando los secretos de la banda al Sheriff.

Sin embargo, lo que Allan no sabía era que el Sheriff de Nottingham era un maestro de la traición y la duplicidad. Una vez que obtuvo la información que necesitaba de Allan, lo traicionó sin vacilar, entregándolo a las autoridades reales a cambio de un favor político.

Allan fue capturado y encarcelado, enfrentándose a la ira de aquellos a quienes había traicionado y a quienes había intentado traicionar. En su celda, Allan reflexionó sobre su traición y la lección amarga que había aprendido: que aquellos que traicionan inevitablemente cosechan la traición, siendo víctimas de su propia codicia y falta de lealtad.

Mientras tanto, Robin Hood y su banda continuaron luchando por la justicia, recordando la importancia de la verdadera lealtad y el valor sobre la traición y la ambición desmedida.

Por eso si quieres protegerte de que te traicionen, jamás traiciones a nadie, se leal, honesto, en la medida de la integridad.

Cuando eres fiel y leal de manera autentica, no tienes nada que temer, porque el que nada debe nada teme, pero cuando resulta que te traicionan, entonces cuentas con el respaldo moral de que tu no vas a caer tan bajo como para que hagas lo mismo, tu integridad queda intacta, y quien te traicionó es quién perdió en realidad.

Déjame explicarlo de otro modo, aquella persona que toma la decisión de traicionar no solo está traicionando a una persona, sino más importante aún, se traiciona a sí misma, como no puede ser leal consigo misma, entonces no puede serlo con los demás, esta clase de decisiones vienen de uno mismo, y ya después de manera externa le van a traicionar de vuelta, pero que quede claro que todo viene del interior para después verse hecho en el exterior.

En esos casos tienes el poder de tener tu reputación limpia tanto internamente como externamente.

Entonces lo voy a repetir por si no quedo claro antes de entrar en el asunto. Si no quieres en primer lugar que te traicionen no traiciones, demasiado sencillo pero complejo para muchas personas.

Capítulo 2
Traición

A la vida no le importa qué edad tengas, como para cuidarte de una traición, esas cosas ocurren porque anteriormente se activaron las causas que hace que después terminen haciendo daño a alguien

Y no importa si lo viviste a los cuatro, a los siete, o a los veinte años, las cosas ocurren porque de alguna manera consciente o inconsciente lo permitiste, o lo defino de esta manera porque uno debe hacerse responsable de las cosas que le ocurren en su vida.

En la antigua Roma un joven llamado Cayo, quien creció en una familia noble y poderosa. Desde temprana edad, Cayo demostró una gran inteligencia y habilidades políticas excepcionales. Su padre, un senador respetado, tenía grandes expectativas para él y lo entrenó en los intrincados juegos de la política romana.

Sin embargo, en su adolescencia, Cayo desarrolló una estrecha amistad con un joven llamado Lucio, quien provenía de una familia de plebeyos. A pesar de las diferencias de clase, Cayo y Lucio compartían una profunda conexión y se prometieron lealtad mutua.

A medida que Cayo ascendía en la jerarquía política, comenzó a ganar enemigos entre sus propios compañeros aristócratas, quienes veían su ascenso como una amenaza a su propio poder. En medio de las luchas por el poder y la intriga política, Cayo confió en Lucio más que nunca, revelándole sus planes más íntimos y secretos.

Sin embargo, lo que Cayo no sabía era que Lucio había sido sobornado por los enemigos de Cayo para traicionarlo. Lucio, seducido por la promesa de riquezas y poder, entregó información vital sobre los movimientos políticos de Cayo a sus enemigos.

Con la información proporcionada por Lucio, los enemigos de Cayo pudieron socavar sus alianzas y desacreditarlo públicamente. Cayo se encontró solo y vulnerable, traicionado por quien consideraba su amigo más cercano.

El golpe final llegó cuando Cayo fue acusado falsamente de traición y conspiración contra el Estado. A pesar de sus intentos desesperados por defenderse, fue condenado y exiliado de Roma, su nombre manchado por la traición de aquel en quien más confiaba.

El camino a la madurez es muy diferente para cada uno, cada quien debe hacerse responsable de su situación tarde o temprano.

Sin importar la edad que tenga, aunque no está en tu control lo que hacen los demás, es tu responsabilidad aprender de las malas circunstancias y crecer tú para que seas más grande que las cosas negativas que te pasaron, o sea superarlo satisfactoriamente.

Entonces la traición es algo que en algún momento ocurre en la vida, sabes bien que es malo cuando te traicionan o peor aún cuando te traicionas a ti mismo.

Nadie se salva de esta experiencia, y pareciera que las personas aprendemos solo por las malas, cuando ocurre algo realmente malo es cuando una persona pone un punto y aparte para tomar un mejor camino para sí misma.

Cuando ocurre una traición pueden suceder muchas cosas al afectado, por como lo interpreta, y como responde.

Puede ser que la traición haya sido tan dolorosa que lo hayas dejado todo y empezado una nueva vida o simplemente te alejaste de las persona que te hizo daño, en diferentes niveles hace que reacciones ante los sucesos y mucho depende de quién seas como para que puedas recibirlo y abordarlo de una manera constructiva pero eso lo veremos más adelante.

Capítulo 3
Cuando el dolor arde en toda tu alma

Hay un momento clave como un antes y un después en tu vida, en donde se marca un punto y aparte por el resto de tu vida, en donde todo lo ves diferente y las cosas ya no son como antes y por ende ya no serán como alguna ves fueron, cuando te traicionan es uno de esos momentos.

Gandhi, quien dedicó su vida a la lucha por la justicia y la paz, experimentó la traición en varias ocasiones a lo largo de su vida. Una de las traiciones más notables ocurrió durante su lucha por la independencia de la India, cuando algunos de sus compañeros de lucha abandonaron los principios de la no violencia y buscaron la violencia como medio para alcanzar sus objetivos.

Esta traición, aunque dolorosa para Gandhi, no lo llevó a la amargura ni al resentimiento. En cambio, profundizó su compromiso con los principios de la no violencia y la resistencia pacífica. Gandhi reconoció que el dolor y la traición eran parte inevitable del camino hacia el cambio y la transformación.

En lugar de permitir que la traición lo consumiera, Gandhi la utilizó como una oportunidad para reflexionar, aprender y crecer. Se convirtió en un ícono de esperanza y resistencia, inspirando a millones de personas en la India y en todo el mundo a seguir el camino de la no violencia y la justicia.

Su historia nos recuerda que incluso en los momentos más oscuros y dolorosos, podemos encontrar la fuerza para cambiar y crecer para mejor.

Su legado perdura como un ejemplo de cómo el amor y la compasión pueden triunfar sobre la traición y el odio.

Yo creo profundamente que todo ser humano pasa por este proceso de alguna manera, como cada persona es diferente entonces tiene diferentes retos que enfrentarse, tiene diferentes miedos, etc.

Es muy probable que hayas experimentado los puntos y aparte en tu vida, ese momento en el que ocurre algo y hace que todo cambie en tu vida. Pero toda gran decisión que alguien toma suele ser por este motivo

¿Qué es todo? Depende, podría ser que pierdas a tus mejores amigos, que un día te des cuenta de una verdad a la que tú en realidad no la dabas por real, hasta que ves cómo son las cosas, y te cuesta aceptarlas al menos al inicio, podría ser un sinfín de cosas, podría ocurrir algo tan grave que haga que se te zafe un tornillo, no me refiero a volverse loco necesariamente ni literalmente, pero sí que ocurriese un cambio interno brutal.

Pues como te abras imaginado una traición es una de esas causas que hacen un punto y aparte en tu vida claro que hay más formas, pero en este libro me concentraré más en este punto.

Ser traicionado es como un balde de agua fría, luego de que lo recibes, al comienzo es impactante y poco a poco sientes que ha sido una sorpresa bastante grande, y luego como ya paso el impacto hasta podrías recibir otro baldazo de agua fría.

Este ejemplo es muy ligero como para expresarlo en un punto y parte en tu vida, pero creo que me doy a entender.

El impacto inicial es el que desencadena el resto de sucesos que van a ocurrir, porque ser traicionados nos da coraje, como cuando un presidente traiciona a su país entregando sus propias tierras a otro país por intereses personales, da coraje porque aquellos que votaron no esperaban que hiciera semejante estupidez, y este ejemplo en verdad pasó hace varios años atrás en Bolivia.

En una relación da mucho coraje ser traicionado, da tanta rabia que, sin darte cuenta haces cambios radicales en tu vida solo por el dolor, cosa que está bien porque estas canalizando toda esa energía en mejorar tu vida, y no usas esa energía para vengarte ni otra estupidez que hacen los jóvenes hoy en día.

Se debería preparar a los jóvenes a canalizar las emociones que son demasiado fuertes, en ser constructivos y no destructivos.

Pero es ese momento del coraje en el que estamos realmente dispuestos a todo, ¿Cómo no va a dar coraje cuando estas con la disposición, de ser fiel y dar lo mejor de ti a alguien que no respeta tus emociones, ni te respeta a ti? Da un tremendo coraje, es como el baldazo de agua fría pero el efecto puede ser que dure durante meses o incluso años.

Es como un fuego dentro de ti que corre por toda tu alma, podrías olvidar por completo los problemas que tuvieras con anterioridad y solo pensar en el suceso.

Se podría volver una obsesión, hasta te podrías encontrar a ti mismo, pensando en la traición una y otra vez y repensando las cosas de manera obsesiva.

Así de potente es vivir una traición y quizá me quede corto con las palabras,

Lo que yo experimente, fue como dije al inicio un punto y aparte para abandonarlo todo, abrir un enorme vacío en mi vida, curarme a mí mismo, pensar las cosas, por varios meses, tomando otro tipo de acciones y decisiones que antes usualmente no tomaba, cambié mis decisiones y termine cambiando el lugar en donde estaba, a uno mejor, suena muy sencillo, pero vivir el proceso hace que aprecies los resultados que obtienes.

Ser traicionado no te vuelve frío ni antisocial, no te vuelve un psicópata, ni nada por el estilo, pero si te da el impulso para hacer grandes cambios en tu vida.

La verdad hubiera querido leer en su momento un libro como este pero no existía, por eso comparto estos conceptos en profundidad, para quienes fueron traicionados o incluso para aquellos que quieren evitarlo por completo.

Capítulo 4
Entendiendo la Traición

Como dije la traición es algo por lo que todos pasamos de una u otra forma, evitarla es como evitar la vida misma, no se puede.

Entiende que la traición es algo que nos hacen personas que conocemos y que no conocemos, aparte también es algo que nos podemos hacer a nosotros mismos, nos traicionamos cuando no podemos negar hacer cosas que no queremos hacer con personas que no queremos en nuestras vidas, nos traicionamos cuando no podemos cumplir nuestras promesas ni nuestra palabra.

Cada persona debe empezar por uno mismo siempre, luego al exterior, primero siempre es desde el interior para luego exteriorizar lo que no se ve, los malos actos hacia uno mismo solo afectan a su autor, como no se respeta a si mismo se traiciona a sí mismo.

Y por esa misma razón los demás lo traicionan, porque como te tratas a ti mismo, así te van a tratar, en realidad a las personas las enseñas a cómo tratarte, tu permites lo que los demás te hacen, y si algo no te gusta, no dudes en cambiarlo de inmediato.

Reconociendo los signos de traición

Puede ser o muy sencillo reconocerlos o muy difícil para los entendidos, ¿Por qué?

Difícil para quien no es capaz de ver la realidad, porque su nivel de consciencia es demasiado bajo con las personas y consigo mismo, es un problema grave ya que no eres capaz de reconocer en quien puedes confiar y en quién no. Es el sueño de todo estafador tener solo personas así a su alrededor.

Los niños por ejemplo como son tan inocentes no creerían en realidad lo mala que puede llegar a ser la gente, y por eso son tan influenciables los pequeños, pero pasando los años y la experiencia va tomando poco a poco mayor consciencia al igual que experiencia.

Pero no nos compliquemos, cuando tengas el presentimiento de que alguien no es de fiar, al momento de conocerlo, ya es una buena señal de que no es confiable, de hecho la primera impresión que te de una persona puede ser una buena manera de saber cómo va a ser la relación con esa persona a lo largo del tiempo.

Ya dependería de ti si quieres entablar compromiso con la persona que acabas de conocer.

Además cuando notes que tú mismo no puedes cumplir promesas que tú mismo te prometiste, no solo es un indicador de que te estas traicionando a ti mismo, sino que inconscientemente les estas enseñando a las personas a cómo tratarte, y ¿cómo es esa manera? Traicionándote, realmente no va a importar porque tú te lo haces a tu mismo y por ende tú lo permites.

Quiero que tengas en cuenta que estos procesos, de los cuales estamos hablando abarcan tiempo, para que ocurran, un resultado no sale de la noche a la mañana sino que, con cada día que pasa estas formando y creando tu propia vida, es algo así como entre causas y efectos, pero estas no son inmediatos, se necesita tiempo para que el efecto termine como un resultado de la causa.

Un buen ejemplo es cuando tú plantas una semilla, porque quieres un árbol, entre plantar la semilla y tener el árbol, se necesita de tiempo además de cuidado y esfuerzo, con el paso de los años, la semilla se habrá convertido en un gran árbol.

El tema de causa y efecto son principios vitales de la naturaleza, y forman parte de nosotros al igual que la naturaleza, va de la mano tanto de lo bueno como de lo malo, aunque todo sea neutro y le demos el significado a las cosas, las cosas terminan por pasar sean buenas o malas, por las causas del pasado, se obtiene un resultado en el presente que necesito de mucho tiempo para concretarse.

Como veras es un tema bastante profundo el abarcado. Ahora cuando descubres a una persona que miente, y también descubres que lo hizo por las causas negativas, deberías tener en claro a quien has de tener muy lejos de tu vida y salir corriendo.

Porque cuando encaras a las personas con la verdad de frente no hay nada que puedan decir en su defensa, cuando te manejes solo con lo que es la verdad ningún estafador, infiel, traidor te va a poder encarar, se va a quedar en silencio, porque con la verdad nadie puede discutir.

Ahora si tú eres alguien que miente ahí si no te enfrentes a nadie porque tendrías las de perder.

Impacto emocional y psicológico de la traición

Los momentos emocionales que cada persona vive pueden variar de una a otra, dependiendo el impacto emocional que haya podido haber, y como se lo tome cada quién, como somos diferentes unos de otros al momento de sentir las emociones reaccionamos de formas distintas.

Psicológicamente hablando los recuerdos del pasado nos influyen de gran manera en nuestra personalidad y carácter.

Imagina que en un árbol tú con un cuchillo escribas tu nombre, lo marcas al arbolito, y luego de varios años, la marca que dejaste en el árbol permanece, quizá ya no se vea tan claro como antes pero se puede seguir viendo la marca.

Lo mismo pasa con las improntas, estas son las marcas o experiencias emocionales que se quedan con nosotros y que perduran con el tiempo, tú tienes improntas, es decir, tú has vivido en el pasado experiencias que te han marcado, y en la actualidad actúas en base a esas experiencias o marcas que te dejaron en el pasado.

Una impronta se queda en la mente por ejemplo cuando en la niñez tuviste algún tipo de trauma, y ahora en tu juventud sigues siendo afectado por aquella impronta aunque puede ser que lo hayas olvidado, la impronta emocional o marca permanece en ti.

Las improntas son recuerdos del pasado, vividos en el presente de manera intensa, una persona puede tener la capacidad de cambiar las improntas que cree que no le hacen ningún bien a su vida, solo que dependiendo de lo potente que haya sido la impronta, se necesita una experiencia emocional aún más fuerte para poder cambiar la impronta anterior por una nueva.

Una traición puede crear improntas en la mente de la víctima, dejando huellas emocionales que le afecta en su futuro actuar o manera de ser, tomando decisiones en base a como se lo tomo la traición.

No es que una persona sea rara, es que tiene improntas que la hacen actuar de cierta manera para su propia protección y supervivencia.

Hay improntas que marcan la vida de mucha gente, para bien o para mal, hay cosas que pasan en la vida de las personas que lamentablemente le afectan en su presente y no le ayudan de mucho, en realidad son trancas para ellas.

Por eso hay adultos que son muy especiales en su actuar o manera de ser, por la improntas. Como te habrás dado de cuenta este tema es muy profundo incluso grave para la persona que padece de improntas que no le ayudan realmente en su día a día, sino que en realidad le perjudican, pero ahí están, dentro de la mente de la persona.

Como dije con anterioridad para cambiar tus improntas pasadas, necesitas vivir una experiencia emocional positiva de igual o mayor magnitud, para que la reemplace.

Capítulo 5
¿Por qué ocurre la traición?

Pueden ser por varios motivos, uno de ellos es porque te juntaste con las personas equivocadas, y aunque tenías el presentimiento de que debías alejarte no lo hiciste, hasta que al final todo exploto en tu cara.

Quizá hiciste daño a alguien de una manera en que no fuiste consciente de ello, pero la otra persona resulto muy herida por tu accionar inconsciente

Según los relatos bíblicos, Judas era uno de los doce discípulos de Jesús y actuaba como tesorero del grupo. Sin embargo, en los días previos a la Pascua judía, Judas se acercó a los principales sacerdotes y les ofreció entregar a Jesús a cambio de treinta piezas de plata. Esta acción se interpretó como una traición, ya que Judas reveló la identidad y los movimientos de Jesús a sus enemigos.

La traición de Judas culminó con la famosa escena en el Jardín de Getsemaní, donde besó a Jesús como señal para que los guardias romanos lo arrestaran. Este acto llevó a la crucifixión de Jesús y, según la tradición cristiana, marcó un momento crucial en la historia de la salvación.

La traición de Judas se ha convertido en un símbolo de deslealtad y perfidia a lo largo de los siglos, recordándonos las consecuencias devastadoras que pueden surgir de la traición de confianza.

Depende mucho de quién te traiciona o te hace daño, primero porque su motivación para una persona puede ser muy diferente en comparación a otra, depende el motivo por el cual busque traicionarte, tomando en cuenta si tu le hiciste daño con anterioridad o simplemente alguien quiere aprovecharse de ti.

Las traiciones pueden ser conscientes o inconscientes, imagina que tu buscas vengarte de tu hermano porque cuando eras niño y el adolescente, él te maltrataba psicológicamente o emocionalmente, puede ser que, inconscientemente, hayas decidido querer venganza aunque veías imposible de hacer algo al respecto en tu estado actual, ya sea porque no tenías con que hacerle frente, pero resulta que pasan los años y el dolor del maltrato de tu hermano permanece en ti porque no lo perdonaste, como después de muchos años, cuando tu tengas veinte años, y la relación con tu hermano ya es muy diferente, se llevan bien y se apoyan, tu incluso podrías haber olvidado el dolor o traumas que pudiste haber experimentado con él, pero inconscientemente lo recuerdas aún. Inconscientemente significa que no eres consciente de ello pero está arraigado de manera profunda en tu mente, eso puede ser suficiente como para que en algún momento tú hagas algo que termine traicionando o haciendo daño a tu hermano de una manera que no te habrías imaginado, el dolor seguía ahí. Puede que tú no lo hayas perdonado por completo o que incluso es algo que ya no lo controlas de manera consciente simplemente querías hacerlo hace muchos años atrás, pero lo ocurrido en tu infancia como ese supuesto trauma o dolor fue suficiente como para que causaras daño a tu hermano ya siendo tu un adulto, la causa profunda de lo ocurrido fue en realidad activado hace años atrás en este caso en la niñez, y cuando le traicionas hasta tú te podrías sorprender y preguntarte porque hiciste lo que hiciste, pero fue algo que sufriste hace muchos años atrás y que incluso no recuerdes las causas que conllevan a ciertas acciones y hechos.

Ser consciente de esta definición quizá te ayude a pensar en los daños que has hecho a otras personas si es que sientes que nunca a sido tu intención cuando en realidad la intensión siempre estuvo ahí solo que después de los años, realmente fuiste capaz de ejecutar una traición o algo parecido, aunque en el presente creías que ya no querías hacerlo.

Esta clase de situaciones se necesita terapia, hablarlo abiertamente con alguien o mucho tiempo de introspección.

Cuando vemos a nuestros padres por ejemplo, eres una niña que tiene un padre abusador, y este lastima a tu madre, cuando tu presencias esos actos, pueden ocurrir dos cosas, cuando crezcas puede ser que termines con alguien que abuse de la misma forma que abusaron a tu madre, o puede ser que odies por completo al sexo opuesto evitándolo, criticándolo, despreciándolo, pero esa clase de acciones solo te termina haciendo daño a ti misma, en ese caso no hubo un proceso de redención o de perdón en tu interior, entendiendo que tu padre realmente fue víctima de los mismo sucesos y cayó en el circulo vicioso, para poder terminar estos ciclos, se debe ser muy consciente de la historia de tu familia y del porqué ocurren las cosas que ocurren, es un trabajo en profundidad que puede ayudar a curar las heridas familiares.

Capítulo 6
Traición entre aliados y amigos

Julio César, uno de los líderes más influyentes de la República Romana, había acumulado una gran cantidad de poder y había sido nombrado dictador perpetuo. Sin embargo, muchos senadores, incluido su protegido y amigo Bruto, comenzaron a preocuparse por su creciente autoridad y temieron que se convirtiera en un tirano.

En un complot tramado en secreto, Bruto y otros conspiradores planearon el asesinato de César. El 15 de marzo, conocido como los "Idus de marzo" en el calendario romano, César fue apuñalado por un grupo de senadores en el Teatro de Pompeyo, incluido Bruto. A pesar de la amistad y la confianza que César había depositado en él, Bruto traicionó esa confianza en un intento de preservar la República.

El asesinato de César, aunque pretendía restaurar la República, desencadenó una serie de conflictos y guerras civiles que finalmente condujeron al ascenso de Octavio (más tarde conocido como Augusto) como el primer emperador de Roma y al fin de la República Romana.

La traición de Bruto y los conspiradores contra Julio César es un ejemplo clásico de cómo la ambición y el miedo pueden llevar a la traición incluso entre aquellos que una vez fueron aliados y amigos.

Como Julio César, hay mucha gente que cuando tiene el poder, este es corrompido/a por él, lamentablemente son pocas las personas que pueden manejar el poder que tiene de maneras constructivas, y no destructivas.

Ésta clase de personas realmente no son capaces de manejar ni de poseer el poder, ya sea como una posición de autoridad o influyente, cuando alguien no está listo para el puesto que le es dado, todo puede terminar en caos o en traición por el bien de la peña.

En este caso la gente es traicionada porque, traicionó a los demás al poner primero sus necesidades y desechar los derechos de los demás, si un líder es injusto, brabucón o abusivo con las personas que están bajo su mando, ten por seguro que con el tiempo maquinarán alguna estrategia para eliminarlo o desecharlo, o quizá de no ser muy extremos, simplemente lo abandonen dejándolo en soledad.

Pero pongo en duda, si lo que hizo Bruto fue lo correcto o estaba equivocado, él vivió en una época en la que las personas vivían sometidas ante los superiores, los reyes, ellos podían ser dictadores y nadie podía hacer nada al respecto, en base a esta historia Bruto nunca traicionó a Julio César, porque en primer lugar no le fue realmente fiel, él era fiel a sí mismo y a lo que creía correcto, para él y para el pueblo que padecía ante los mandatos de Julio César.

La verdadera traición ocurriría si Bruto se hubiera quedado de brazos cruzados, cuando tenía en sus narices la oportunidad de hacer lo que creía que era lo correcto, el hecho de tomar las oportunidades cuando se te presenten es una forma de fidelidad hacia ti mismo, y de no tomarlas, entonces estarías traicionándote a ti mismo, no estas cumpliendo con tu cometido, con tu deber, con lo que se supone que debes hacer.

Al momento de tomar decisiones, debes mantenerte fiel a ti mismo, desde el principio para así poder ser fiel a aquellos con los que entablas relaciones, sociedades y tratos, y cuando tienes una causa por la cual encarar, es cuando más debes llenarte de fortaleza para tomar las decisiones difíciles pero necesarias.

Todos tenemos en nuestras vidas a un Julio César en forma de personas, circunstancias, miedos, traumas que nos afectan a la hora de vivir la vida, cumplir con nuestro deber o cometido, la pregunta es ¿Hacemos algo para enfrentar a ese dictador? ¿Le hacemos frente y no retrocedemos aunque nos invada el temor? Porque cuando enfrentamos a nuestro César interior, creceremos como personas.

Nos elevaremos y desarrollaremos nuestro carácter y coraje también, son esa clase acciones las que hacen punto y aparte en nuestras vidas.

Como las victorias internas nadie debe enterarse de ello, pero si has de vivirlo tú para tu propio crecimiento.

Capítulo 7
Procesando Emociones

Es normal sentir una enorme amalgama de emociones como tristeza, ira, odio o incluso culpa permítete sentir estas emociones y reconoce que son parte del inicio de la curación.

Reconoce que todo lo que estas sintiendo viene de ti, y todo lo que es tuyo está bajo tú control.

Aceptación y validación de los sentimientos

Lo más importante que uno debe entender es que las emociones son neutras en realidad, no son buenas ni malas, positivas o negativas, en realidad nosotros valga la redundancia sentimos nuestros sentimientos y luego las interpretamos como creemos que mejor nos parece o viceversa.

Las emociones son algo que se deben aceptar y que forman parte de la vida, son indicadores que nos guían siempre y cuando tengamos una inteligencia emocional muy desarrollada, así podremos gestionarlas de manera correcta.

Pero ¿Que pasa cuando somos incapaces de gestionar nuestras emociones de manera saludable?

Lamentablemente, sufrimos más de lo necesario, en estas situaciones al no comprender nuestras emociones, por eso cuando a una persona la traicionan, y es incapaz de gestionar sus emociones de manera sana, puede caer en la depresión estancarse y quedarse ahí por mayor tiempo del necesario, incluso cayendo un poco en la locura.

Uno debe poner en práctica, cuando la vida te pone obstáculos saber procesarlos, entender que es solo un mal momento y que no toda la vida va a ser así, entender que los sentimientos están para enseñarnos y guiarnos cuando crees que cosas malas están pasando.

No debes negarte a tus emociones porque son parte de ti y están para ayudarte, aunque no lo entiendas en su momento, es muy importante este punto por que al hacerlo, en adición vas a poder notar la diferencia en lo que te dicen tus emociones y lo que te dice tu instinto, a veces seguir tu instinto es la mejor opción sin necesidad de sobre pensarlo actuar en su momento desde el instinto puede ser muy útil para las personas que no saben cómo hacerlo.

Manejo del dolor, la ira y la tristeza

Todos hemos experimentado estas emociones ya sea que hayamos tenido cinco años, en la adolescencia, o ya siendo adultos, la diferencia está en el como uno los expresa, con los demás a su alrededor, mientras mejor seas manejando tus emociones, mejor te ira en la vida.

Cuando ocurren sucesos en nuestras vidas y nos preguntamos por qué pasan cosas malas en nuestra vida, no entendemos que es una oportunidad para mejorar, y nos dejemos llevar por la angustia, hasta un punto que no es saludable para nosotros.

Expresa abiertamente tus sentimientos ya sea con alguien en quien confíes, o si te es difícil hacerlo, escríbelo, redacta todo lo que sientes, escribe largo y tendido hasta que te quedes sin palabras para expresarte, también puedes hacer una carta para la persona que te hizo daño, no es necesario que lo mandes, pero si hacerlo, para después leerlo tú misma o tú mismo.

Eso incluso te va a ayudar a conocerte mejor, te va a indicar quien eres en ese momento.

Puedes realizar ejercicios para relajarte y así poder manejar los sentimientos abrumadores que tengas, como por ejemplo la meditación, el enfoque de la respiración y poner la mente en blanco dejando pasar a través de ti todo pensamiento o emoción y dejarlo ir.

Capítulo 8
Qué hacer cuando te traicionan

Esa si es una buena pregunta, o tal vez sería, Que no hacer cuando te traicionan, porque hay muchas reacciones cuando esto ocurre, dependiendo de quién seas, y en qué momento de tu vida te encuentres.

Si bien una persona que es autocrítica crea que pueda manejar sus emociones hasta en los momentos más difíciles, debe replanteárselo dos veces cuando nunca ha sentido una traición con anterioridad.

Porque esta le puede llegar por sorpresa en el momento menos esperado por la persona que jamás se imaginarias que ocurriera.

Ahí puede que ya no sea tan autocrítica como creía, y se deje llevar por sus emociones o tomar decisiones precipitadas.

Una de las mejores cosas que se puede hacer cuando alguien te clava la daga por la espalda, es no hacer nada, no tomar ninguna decisión en el momento, no reaccionar, no juzgar, ni criticar, muérdete la lengua en caso de que la situación sea muy grave.

Porque lo más seguro es que vas a abordar el tema desde el odio, la rabia, desde lo hormonal, y no con inteligencia, lo que resulta peor para ambas partes, sobre todo para la víctima.

Mejor aléjate date tu tiempo de pensar y procesar las cosas, razona y una vez estés en calma aborda el tema, así vas a ser capaz de tomar mejores decisiones de manera inteligente.

No reacciones, no te enfurezcas y explotes como volcán, se inteligente, ten calma porque tú tienes el poder decidir si seguir con la relación o terminarla de una vez por todas.

Tomar esa clase de decisiones requiere de responsabilidad, debes tomar en cuenta de que está en juego aquí y más aún cuando la persona afectada es la que tiene la última palabra.

Porque esto es así, a la persona que traicionan en una relación es la que se queda con la última palabra, así que piénsatelo muy bien antes de tomar una decisión.

Recuerda que las decisiones que tomamos forman nuestra vida a la larga, creando nuestro destino, por eso es una responsabilidad no ser reactivo ni reactiva, no tomes decisiones desde el odio, no hables cuando no tengas nada bueno que decir, no te comprometas solo desde lo emocional, ni hables si no es verdad.

Ten en cuenta la responsabilidad que tienes cuando estas en una relación.

No vaya a ser que luego de haber tomado la decisión de dejar a la persona, sin antes razonarlo, en un futuro te estés lamentándolo, las decisiones que tomamos son las que cambian el rumbo de nuestra vida, teniendo en cuenta que el rumbo sea bueno, malo o neutro para nosotros, son solo rumbos, así que el camino que ellas tomar, tómalo, desde la calma y tranquilidad, desde la consciencia, y no desde la euforia.

Este capítulo debería llamarse Que no hacer cuando te traicionan.

Por otra parte, si tu corazón te dice que debes encararlo y terminar la relación, debes hacerlo teniendo muy bien en claro porque lo vas a hacer, siendo completamente honesto con la otra parte, es un proceso de maduración emocional para ti y de ser posible para la otra persona.

No termines una relación solo por la intensidad del momento, se inteligente y abórdalo con calma, sin tomar decisiones precipitadas como responsable de ti, lleva la responsabilidad de responder con inteligencia, y sabiduría.

No te rebajes al nivel de la otra persona, se mejor.

Capítulo 9
Las señales que te da la vida

Hay momentos en la vida que ésta te da ciertas señales, tu puedes darte cuenta de ello de una manera indirecta, como una ocurrencia, un simple pensamiento que te salió de la nada, cómo por ejemplo, imagina que te llega un pensamiento o sueño repentino que te hace enfurecer con un amigo que conoces o con la persona con la que menos te imaginarias, que terminarías, una relación de amistad por ejemplo.

Puede que sea la persona con la que mejor te llevas en tu vida, y de repente te llega ese pensamiento, y te preguntes ¿Por qué te llego eso a la mente? Y probablemente lo ignores.

Un grave error que alguien puede cometer es ignorar sus pensamientos y sus sueños, o tomárselos a la ligera por que los pensamientos son los que dirigen nuestras vidas y si esos pensamientos además tienen alguna carga emocional para ti significa que esos pensamientos son más poderosos.

Un pensamiento es más poderosos cuando tiene cargas emocionales en ella.

Cuando piensas por ejemplo con una fuerte seguridad emocional con respecto a algo, estas atrayendo eso a tu vida de una manera de la que no eres consciente, y recuerda que la mente inconsciente es más poderosa que nuestra mente consciente.

Como todo en la vida, a veces cuando veas que estas sufriendo más de lo debido o incluso tu salud se vea afectada por ello. Cuando veas que te pasan cosas malas muy a menudo la vida te está diciendo que debes retirarte, debes dejarlo ir.

Debes irte a un nuevo lugar, dejar todo atrás por tu propio bien y éxito, si quieres seguir adelante has de tener la valentía de saber cuándo es bueno para ti retirarte, sin que se vea tu vida en riesgo de alguna manera

Capítulo 10
La Eutanasia

Hay cosas que es mejor dejar ir, a veces hay cargas en la vida que no debemos cargar nosotros porque nunca fueron nuestras.

La filosofía de la eutanasia es muy interesante, pues implica poner fin a un dolor que es en realidad innecesario.

Esta filosofía hay que aprenderla a usar con sabiduría en cuanto a las decisiones que tomas o dejas de tomar en tu vida.

Hay que tener un ojo bastante desarrollado para identificar cuando se requiere aplicar la filosofía de la eutanasia en tu vida, y la puedes usar de manera sencilla como por ejemplo, cuando quieres dar fin a una amistad porque te das cuenta que la otra persona cambio, y empezó a tomar otro rumbo, un camino con el cual tú no te identificas, o no estás en armonía con ello, ahí puede aplicar la eutanasia poniendo fin a aquella amistad, y al hacerlo abres el espacio para que una nueva amistad aparezca en tu vida.

La eutanasia puedes usarla también en tu trabajo, Cuando notas que tus labores están afectando tu salud, cuando el estrés se prolonga por muchos días o semanas o meses, es el momento adecuado para aplicarla la eutanasia, elegir renunciar para estar en un mejor trabajo o quien sabe, quizá hagas algo que ya no te haga necesitar pedir trabajo.

También cuando tienes un negocio que no está dando ya desde un buen tiempo, y lo has dado lo que tenías le diste tu tiempo, tus ganas, tu dinero, etc. Y no está dando, es porque ese negocio estuvo muerto desde un principio.

Mejor conviértete en un experto en aplicar la eutanasia en todos los aspectos de tu vida, dejar ir soltar lo que no vale la pena, lo que no sirve, lo que solo te retiene, elimina lo que no sirve de tu vida, tanto pensamientos, actitudes creencias, amistades, relaciones, responsabilidades innecesarias, compromisos, inútiles, hobbies que solo te afectan, elimina todo lo que realmente ya esté muerto en tu vida y deja que lo nuevo llegue.

No luches por aquello que la vida te pide a gritos que lo dejes ir, aferrarse a algo y temer perderlo, se asemeja mucho a los niños pequeños que temen perder sus juguetes, que cuando les quitan estos pierden los estribos creen que es el fin del mundo, cuando en realidad no es nada grave perder un juguete.

Muchas veces en nuestra vida hay cosas a las que nos aferramos por miedo, nos cuesta demasiado dejarlo ir, perderlo significa una tragedia para nosotros, pero ten en cuenta una cosa, al depender de algo o alguien con demasiada fuerza, en realidad es signo de debilidad, las personas débiles son aquellas que son capaces de perder su vida si perdieron a alguna cosa o a alguna persona.

Es posible que en muchas parejas el chico o la chica a la que terminan, no soporta la ruptura, y por consiguiente tiene pensamientos de lanzarse de un puente.

¿Por qué alguien pensaría o haría semejante cosa cuando la vida merece ser vivida?

Puede ser que nunca haya aplicado la eutanasia con anterioridad en su vida, usarla significa saber poner fin a las cosas, y sobre todo a aquellas que más nos afectan y hacen daño, pero hay personas muy tercas, ahora se me viene a la mente la imagen de aquella persona que esta fuertemente aferrada a un cactus, cuando, para su propio bien lo que debe hacer es soltar el cactus y tenerlo en la distancia correcta para que este no le afecte ni le lastime.

Suena súper práctico, lamentablemente la mente no funciona así, en su mayoría cuando se trata de emociones y razones, por lo general las emociones son las que terminan dictando nuestras decisiones.

Las decisiones más locas que has tomado, que no te quepan duda han sido tomadas de forma inconsciente.

Tú podrías explicar ¿Por qué amas a alguien? ¿Podrías dar las razones más claras de porque has escogido a una persona en específico entre todas las que conoces? Por lo general uno no puede justificar de manera objetiva porque elige a alguien para pasar el resto de su vida.

Esas decisiones se toman de forma inconsciente, cosas que van más allá de la mente racional.

Por eso hay momentos en nuestra vida en la que, cuando recordamos las cosas que hemos hecho en el pasado, no podemos creer las decisiones que tomábamos, porque las hacíamos desde el inconsciente.

Normalmente vemos nuestro pasado y pensamos que podíamos haber tomado mejores decisiones, podríamos haber evitado muchos errores y nos cuesta hasta creer quienes éramos en el pasado sea para bien o para mal.

Pero en mayor parte recuerda que todas las decisiones que hemos tomado fueron hechas inconscientemente, eso quiere decir que no sabemos porque hacemos lo que hacemos.

Pero es bueno saber esta clase de cosas, porque al poder identificar nuestras patrones de actitud podemos darnos cuenta de que nosotros no somos esos patrones somos todo lo que retiene esos patrones, y por ende podemos detectarlas, y cambiarlas.

Ahora bien, cuando no manejas de manera inteligente o no la usas para nada la eutanasia podrías estar estancado de alguna forma, por aferrarse a lo que ya no funciona, a lo que solo estorba, quizá en el pasado fue muy útil pero ya cumplio con su propósito, déjalo ser y déjalo ir.

No seas egoísta, no necesitas tenerlo todo en tu vida necesitas tener lo esencial, este es un gran ejemplo de calidad y cantidad.

Mejor tener pocas cosas que valgan mucho o signifique mucho, a estar lleno de cosas que o valen nada o signifiquen poco en tu vida.

No te ahogues con cosas que ya no te funcionan, eres libre para dejarlo ir.

Tampoco te agobies ni tengas remordimiento por soltar, las cosas que son realmente tuyas volverán a ti aunque las sueltes.

Aprende a soltar y a recibir lo que es nuevo para ti, al universo no le gusta los espacios vacíos, así pues, cuando aprendas a crear vacíos en tu vida el universo se encargará de llenarlo.

Lo más importante es que no debes dudar, cualquier sentimiento de aquellos es un indicador de que no lo estas soltando.

Al haber dudas le impides al universo que llene tus vacíos, por eso es un acto de valentía eliminar cosas en nuestras vidas, al haber sentimiento de duda, al final tendrás resultados dudosos.

Ponle fin a aquellos aspectos de tu vida en los que ya no dan para nada más, no dejes a medias los ciclos de tus relaciones, cuando deben acabar ponles un punto y final, teniendo en claro las razones por las cuales tomas la decisión, así es como uno crece interiormente y empieza a madurar en todos los aspectos de su personalidad

Ten la certeza de que algo mejor va a llegar, no temas perder, recibe con seguridad lo que es nuevo y mejor para tu vida.

No pierdas algo por temor a perderlo, el temor es un indicador justo de lo que debes hacer.

Un acto de amor es soltar, de amor propio.

Capítulo 11
El vacío

Es interesante como las personas cambiamos, en realidad lo que pasa es que, la gente a nuestro alrededor o por lo menos la mayoría no aprende las cosas por las buenas, ellas aprenden por las malas.

Pareciera que detrás de toda esa bondad romantizada en nuestra cultura social es solo fantasía, para que haya progreso y avance parece que las personas tienen que pasar por mucho dolor, solo es ahí es cuando toman realmente la decisión de cambiar.

Es una ironía creer que las personas van a cambiar si somos amables, claro que no son todos los casos pero en general así parece ser.

Ahora bien, hay momentos en la vida en los que nos sentimos vacíos cuando hay un espacio en nuestras vidas que no sabemos para qué es.

Lo que quiero decir, es que, en el proceso de sanar una dolorosa traición es vaciarnos por completo, soltarnos, dejarnos ir lo que alguna vez fuimos y recibir un nuevo yo para nosotros.

Los vacíos interiores son la oportunidad para cambiar nuestros comportamientos, nuestra manera de ser, y sabes que cuando cambiamos nuestro interior cambiamos nuestro exterior, al sentirnos vaciados puede que nos sintamos heridos, débiles, que hemos perdido algo de nosotros, para empezar si decidiste dejar el contacto por completo con la persona que te hizo daño, entonces hay un vacío en tu vida más si esa persona era muy importante para ti.

Roberto era un joven alegre que tenía un mejor amigo, Alex, ellos llevaban una amistad cerca de los siete años, y parecía que su relación no podría estar mejor que nunca, Roberto era muy feliz por la maravillosa amistad que tenía.

Un día Alex le presenta una amiga a Roberto ella se llamaba Nataly, ambos se conocieron y a Roberto le encantó la manera de ser de ella, era extrovertida, muy carismática, llena de energía, de esa que te llena por completo, era al parecer una chica fantástica, de las que no ves todos los días pensaba Roberto.

Él se enamoró de ella y se lo dijo a su mejor amigo Alex, que le apoyo y le animó a tener una relación con ella, Roberto fue en busca de ella para exponer sus sentimientos por ella pero ella no se lo pudo creer, pero el insistió, hasta que la chica le dijo que necesitaba pensarlo.

Una semana después Roberto recibe una llamada de su mejor amigo preguntando como estaba, pero él estaba triste por el rechazo de Nataly, hasta que Alex le dijo que se besó con Nataly, resulta que Alex la invitó para emborracharse con un amigo más y el aprovechó el momento, con lo cual Roberto jamás creyó que con una simple llamada su vida pudiera hundirse tan rápidamente, aunque ya estaba hundida porque la chica le rechazó a ella y se metió con su mejor amigo.

Alex le pregunto si no había ningún problema con ello, lo que él no sabía era que desde ese momento Roberto ya había tomado la decisión de terminar con esa amistad por completo, sintió dentro de sí mismo como una mano gigante corto los lazos que los unían de una manera tan fuerte que le fue sencillo terminar con esa relación.

Roberto se despidió de la llamada y colgó, estaba impactado, y se quedó con la boca abierta por unos segundos, no lo podía creer, le resultaba difícil asimilar lo que estaba ocurriendo dentro de sí mismo.

Pasaron los días y Roberto sentía dentro de si un vacío profundo, había terminado la amistad con su mejor amigo, de una manera horrible para él, era profundo el dolor que le habían causado.

Se puso a pensar toda su amistad con Alex todo lo que habían vivido, las cosas que pasaron, las veces que uno le apoyaba al otro, y había esfuerzo por parte de ambos para que esa amistad sea tan fructífera.

Lo repaso todo lo que habían vivido, y recordó que su mejor amigo lo había conocido por una característica muy peculiar, a Alex siempre se les daba bien con las mujeres, siempre lo veía en relaciones con distintas mujeres, le era muy natural estar siempre en busca de chicas, a Roberto le parecía una habilidad muy peculiar, pero que jamás pensó que por ese motivo todo habría llegado a su fin.

Roberto vivió con un vació profundo durante muchos meses, no podía evitar pensar en cada momento lo que para el fue una traición horrible.

Resulta que Nataly tenía una amiga llamada Gabriela era flaca muy reservada pero con una fortaleza interior, Roberto ya la conocía de manera parcial, un día Gabriela se contacta con Roberto pero él no responde y la ignora porque seguía impactado por el suceso aunque ya hayan pasado 3 meses lo sentía como si hubiera sido ayer, así que la ignoró, pero momentos después le volvió a insistir y él le respondió, al parecer ella le quería invitar a comer y a charlar por unos momentos, pero ella era la última persona que Roberto esperaba que le buscará.

Entonces se vieron para charlar y pasar el rato, luego de varios día y semanas saliendo a comer y charlar, ambos se enamoraron y se hicieron novios, aunque el aún sentía el dolor y a la vez ese vacío profundo, esa clase de vacío que te hace decir que ya no importa nada que las cosas ocurran como tengan que ocurrir, lo dejo ir todo por algo nuevo no sé qué y tampoco me importa realmente pero esto va a cambiar sí o sí y no hay ni un milímetro de duda dentro de mí.

Al final resulta que Gabriela y Roberto duraron 2 años de una hermosa relación que le hizo crecer como persona y ya era alguien totalmente distinto a quien era antes, era irreconocible hasta para sí mismo y eso le hacía feliz ver que experimentar el infierno y enfrentarlo, lo ha hecho crecer como persona y más sabio.

Cuando damos espacio en nuestra vida para que cosas nuevas ocurran si estamos dispuestos a recibirlas sin ningún tipo de duda, sino con la seguridad y el convencimiento de que van a ocurrir que no te quepan dudas que vas a atraer nuevas oportunidades, nuevos amigos, nuevas experiencias, y tu vida va a cambiar de formas que no te habrías imaginado.

Ya con el paso del tiempo será más fácil para ti pasar por este proceso, y casi ni lo sentirás, porque has aprendido que el camino es más importante que la meta.

Capítulo 12
Recuperación Interior

Después de que la herida ha sido hecha, la curación es lo que le sigue. Cuando uno ya no tiene nada que perder le queda todo por ganar, pero vivirlo en carne propia es cuando no nos damos cuenta de lo que realmente fuimos hechos solo actuamos cuando estamos entre la espada y la pared, ahí es cuando en verdad nos conocemos sin titubeos ni dudas.

Cuando ya no tenemos de otra para cambiar es cuando cambiamos, porque la situación lo exige, bueno pues cuando más te expongas en momentos difíciles, a la larga lo que fue difícil se convierte en fácil.

Hay que aceptarlo es doloroso cuando nos engañan las personas en las que más confiamos, aun mas cuando se trata del engaño es por la espalda, uno la puede pasar muy mal cuando le traicionan, somos humanos y es parte de la vida los momentos difíciles.

Reconstruyendo la confianza en uno mismo

Dicen que el tiempo lo soluciona todo, pero me parece una afirmación muy generalista, yo le agregaría que con cada pequeña acción cada día al final termina haciendo grandes acciones, o también un viaje de mil pasas siempre se empieza por el primero.

La introspección es una herramienta poderosa, cuando la manejamos inteligentemente, nos damos tiempo para pensar, razonar, sacar conclusión o tomar decisiones, hasta cambiar de parecer, un tiempo de introspección cuando hay conflicto de por medio es una manera de volver a recuperar la confianza perdida, aceptando tus debilidades y errores, no los niegues, porque negar tus debilidades es negarte a ti mismo, hay que aceptar las falencias, y los rasgos negativos que cada uno tiene.

Cultivando la autoestima y la auto aceptación

Todo gran cambio no ocurre de la noche a la mañana, los grandes cambios no son instantáneos, y aquel que lo diga en realidad te está mintiendo.

Hay muchas manera de hacerse una terapia personal, de hecho hablar de tu problema con personas en las que puedes confiar, hace que lo veas más pequeño de lo que realmente es, te puede cambiar la perspectiva recibir la opinión de una persona que no está siendo parte del asunto en cuestión, la opinión de alguien que no tiene nada que ver con el problema te hace ver la realidad de manera más objetiva, y que a veces agrandamos las cosas sin darnos cuenta.

Perdón y paz interior

No podríamos reconocer lo que es la paz interior sin antes sentir lo opuesto a ello, puesto que la paz interior la valoramos más cuando nuestro estado de ánimo está por los suelos, o cuando la angustia nos corroe, incluso cuando alguien está súper estresado.

Paz interior es la aceptación completa de la situación sin forzar nada dejar libre todo, fluir ligeramente con las circunstancias sin importar cuales fueren.

Perdonar es algo que en realidad nos hacemos a nosotros mismo, no a quien hizo daño, el perdón es dejar ir el rencor.

Capítulo 13
Reconstruyendo Relaciones

Este es el punto en el que la mayoría de las personas no está interesada en hacer, el reconstruir las relaciones sobre lo sucedido, sobre la tragedia, porque mucha gente apela a dejarlo terminar y empezar de cero que es muy costoso, y requiere mucho tiempo.

Aunque puede ser sano alejarte de la persona que te hace daño, hay muy poca gente que se queda a pesar de y perdonar lo imperdonable, ahora tú puedes perdonar a quien te hizo daño sin necesidad de volver a ver en tu vida, pero me parece más meritorio tratar de reconstruir en base al perdón.

Por eso hay matrimonios que duran tan poco tiempo, la juventud de ahora ha perdido las ganas de mantener relaciones por lagos años, ahora para aclarar no estoy diciendo, que estás obligado a quedarte con quien hace daño, pero si dar énfasis a que, en la época en la que estamos, estamos pasando por un problema de relaciones, los matrimonios ahora son de microondas, no duran nada, tampoco hay voluntad para reivindicar el problema, solo lo dejan y buscan a otra persona, cuando lo más probable es que con esa otra persona sufran el mismo problema y así se la pasan de pareja en pareja sin establecer con nadie algo realmente serio.

Cuando realmente se hace el trabajo de reivindicar la relación y aun así la otra parte no da de su parte ahí ya es buen momento de dejarlo pero no antes si dar una segunda oportunidad a alguien, por eso comunicar nuestros límites a la otra persona claramente es importante.

Primero vuelve a retomar la comunicación dejando en claro los límites que vas a tolerar hacia tu pareja, ella debe entender de manera clara y concisa tus sentimientos para empezar entenderte, desde tu postura, la otra parte debe entender y comprometerse a que va a dar de su parte para reconstruir la relación, y esto va para aquellas personas que están casadas o amistades que tienen también problemas en sus relaciones sociales.

Si ves que la otra parte está dispuesta a reconstruir la relación tanto como tú, esa es una buena señal de que no debes dejar la relación, debes brindar la oportunidad de enmendar la situación, porque la persona que es la lastimada, es la que tiene el poder de perdonar y reconstruir la relación está en sus manos dar el primer paso, pero si la otra persona no está realmente dispuesta, es mejor dejarla, no sin antes ver cuál ha sido el verdadero problema del porque la otra persona causo el daño en primer lugar.

Como veras es un trabajo de dos personas mantener la relación la disposición el esfuerzo y la paciencia que se debe invertir son enormes, trabajo que se verá recompensado a futuro por encarar el problema, perdonar y seguir adelante, te fortalecerá a ti y tendrás una relación más enriquecida.

Vale la pena hacer el esfuerzo de dar segundas oportunidades, ahí es cuando también ves de que está realmente hecha la persona con la que entablas la relación, ahí te darás cuenta si es valiente o cobarde para encarar el problema, verás si es honesta o mentirosa, teniendo en cuenta los factores del problema y de la persona, tendrás una buena guía en tu actuar para la reconstrucción de la pareja.

Cómo me hubiera gustado recibir estos consejos he ideas cuando más las necesitaba, en mis momentos más oscuros, me habría evitado de malas decisiones y arrepentimientos, en parte por eso escribo este libro, porque creo que en cada libro, se puede entender la experiencia del otro sin tener que vivirla, tal vez mi yo del pasado no lea este libro, pero tal vez alguien que necesite estos conceptos los reciba en el momento justo, y le voy a ahorrar un montón de meteduras de pata.

Comunicación efectiva en la relación afectada

Nosotros comunicamos a través de varios medios, desde las palabras, el lenguaje corporal nuestro gestos, nuestros estado de ánimo también comunican de manera indirecta a los demás, como bien sabrás no es fácil comunicarse adecuadamente cuando la relación está afectada, ahí es cuando las emociones influyen de manera potente.

Establecimiento de límites saludables

Sólo puedes poner límites cuando sabes que es lo que quieres y que es lo que no, en la medida de lo que es tolerable.

Cuando sabes que es lo que te mereces es justo lo que vas a recibir, quizá suene extraño pero a las personas que siempre están de buena actitud que siempre le ven el lado bueno a las cosas son las que terminan recibiendo más de la vida.

Hay personas que las envidian, y son justo ellas a las que les suele ir mal las cosas.

Es un modo de perspectiva o mentalidad, por el modo en que interpretas las cosas, o bien podrías ser capaz de ver oportunidades o desgracias en tu vida.

Sobre poner límites a tus relaciones, en primer lugar debes saber comunicar justo lo que quieres bajo los términos que sean adecuados, es una habilidad pedir lo que uno quiere en el momento que lo quiere, y sobre todo si están buscando ambos la manera de reconstruir la relación, si fuiste tu la parte afectada, debes empezar a colocar límites a la otra personas, porque te lo mereces, no le estás haciendo un favor a la otra persona, estás perdonando algo que resulta demasiado difícil y además buscando la manera de solucionar las cosas.

Empieza poniendo límites en la medida que creas adecuado hacerlo en base a lo ocurrido, dale a la persona la oportunidad de enmendar su error, ponle condiciones adecuadas en la medida de lo correcto y si la otra parte está de acuerdo, entonces la posibilidad de arreglar la relación es enorme. Pero si ves que eres solo tu quien está remando la relación, vas a terminar agotada o agotado y créeme cuando te digo, eso no es lo que quieres.

RECONSTRUCCIÓN DE LA confianza y la intimidad

Una vez que hayas establecido los límites claros, es como si hubieran hecho un contrato mutuo en los que si alguien vuelve a fallar es la o el responsable de incumplir el acuerdo preestablecido siendo el principal responsable de no haber cumplido con su palabra, y recuerda que una persona todo lo que tiene es su palabra.

Pues cuando ya le diste la oportunidad de reconstruir las cosas, hay un proceso de que requiere el tiempo suficiente como para que la relación pueda tener éxito, al poner de su parte las dos personas, la reconciliación será más satisfactoria.

Hay personas que cometen errores entre otras de tal modo que pierden la confianza anteriormente obtenida, lo echan a perder sus relaciones de amistad, familiares, de pareja, hay lugares en los que es muy común estos casos, pero todos tenemos derecho a rectificar nuestros errores, nadie es perfecto, y todos merecemos una segunda oportunidad en la vida.

Capítulo 14
Crecimiento

La superación de una traición puede ser un catalizador que te impulse a tu crecimiento interno, y emocional. Implica ganar experiencia desarrollar una mayor resistencia emocional y fortalecer la confianza en uno mismo. Además puedes aumentar de gran manera tu autoestima.

A través del proceso de sanación y curación internos se adquieren nuevas perspectivas, habilidades, nuevos puntos de vista y conocimientos que contribuyen al desarrollo interno de la persona.

Encontrando significado y aprendizaje en la experiencia

Como todo en la vida adquirimos experiencia por medio del dolor, del sufrimiento, pero por supuesto, esto ocurre cuando lo encaramos de frente, cuando estamos decididos a enfrentar la situación, a aceptarla, y dar la cara, son los momentos difíciles cuando podemos crecer como personas, son oportunidades de oro, que bien aprovechadas, te harán crecer como personas.

Encontrarás significado en todas tus batallas, en todas tus adversidades, le darás mayor profundidad a tu aprendizaje cuando la encares. ¿Es difícil? Es bastante difícil pero serás recompensado con la experiencia, algo que nadie te puede arrebatar.

Capítulo 15
El dolor nos hace grandes

Aquellas personas que han vivido en carne propia la dolorosa experiencias de la traición, casi siempre son las que surgen de ello con mayor fuerza, como si hubieran renacido más fortalecidas he incluso inmunes al daño que las personas podrían hacerles.

Pareciera que es norma pasar por momentos difíciles para forjar nuestro carácter, pues solo cuando estamos entre la espada y la pared es cuando sacamos a relucir nuestro ser, salimos a enfrentar y superar el dolor que nos causan los demás para nunca más tener que volver a vivirlo siendo nosotros más fuertes ante las adversidades.

Es como si tuvieras que cumplir con tu destino solo teniendo que pasar por lo peor, así como el carbón debe estar en condiciones de temperatura extrema y presión, lo que permite que ésta se convierta en diamante, y nunca más vuelva a ser carbón, se queda como diamante.

Grandes figuras han tenido que pasar por ello para convertirse en los más grandes en la historia de la humanidad.

Nelson Mandela fue víctima de numerosas traiciones, incluso estando 27 en prisión injustamente, pero a pesar de ello salió como símbolo de reconciliación y perdón liderando a Sudáfrica hacia la democracia e igualdad.

Aung San Suu Kyi la líder birmana y ganadora del Premio Nobel de la Paz pasó años bajo arresto domiciliario debido a su lucha por la democracia en su país. A pesar de enfrentar traiciones y represión, nunca renunció a sus principios democráticos.

El que traicionen a las personas por las circunstancias en las que se enfrentan, son solo pruebas de la vida, acontecimientos que ayudan a la gente a cumplir con su destino, elevarse más alto, servir a una gran cantidad de personas, y dejar un legado.

Recuerda que: Los legados nunca mueren.

Son gracias a estas personas por las que el resto de la gente viven mejor, con libertad de expresión, con mayores derechos, menos abusos ante diferentes razas, hay menos tiranías gracias a aquellas personas que cumplen con su destino.

Capítulo 16
Apoyo y Comunidad

La importancia que son las relaciones sociales en nuestra vida son muy importantes, las personas con las que compartimos, con las que podemos confiar son un tesoro muy valioso, hay que agradecer por las relaciones que tenemos ahora, disfrutarlas al máximo y darles su merecido lugar.

Un grupo de apoyo es una de las cosas más poderosas que haya podido ver en mi vida, el apoyo de una comunidad fortalece a los implicados, el estarse alentando unos a otros por un fin más elevado es sumamente inspirador, porque te pueden dar consejos, tiempo, su amistad al igual que tu se los das.

Los grupos de apoyo tienen diversos fines, los hay en muchas formas, unos ejemplos son, un grupo de emprendedores que juntos se brindan apoyo ideas hasta capital para apoyarse mutuamente, siempre dentro de lo que es tolerable, también puede haber un grupo de amigos con el fin de que lograr un bien común personal, si tu tienes en claro lo que quieres, tu esencia lo que representas, transmites, y eso te inspira, será más fácil que puedas tener tu propio grupo de apoyo en base a tus creencias y valores, esto te da mayor apoyo personal emocional, intelectual, si las personas que forman parte del grupo están en armonía con tus valores, y con la de los demás, tienes entre manos una de las cosas más maravillosas que se pueda apreciar en este mundo.

Pero que tiene que ver eso con el tema del libro te estarás preguntando, bueno como sabemos los grupos de apoyo, las amistades que te echan una mano para ayudarte al igual que los ayudas, son como tu respaldo cuando necesitas apoyo de alguien, es como lo opuesto a ser traicionado, son personas fieles a ti y tu también, por eso, si cuentas hoy en día con un grupo bien establecido cuídalo, y dale su merecido lugar, porque esas personas son las que te inspiran, te motivan, y no solo a ti lo hacen entre todos, mientras más fieles y en armonía este el grupo, más beneficios personales obtiene cada persona, cada golpe que te da la vida, tu grupo te ayuda como un colchón que aliviana los golpes.

Ya ves por dónde voy, ten varios grupos de personas, hasta que encuentres el ideal para ti, el más adecuado, y te sorprenderás de las experiencias que vivirás.

Si fuimos heridos o traicionados podemos recurrir a nuestros grupos o grupo de apoyo y podemos recurrir de sus consejos, no necesariamente seguirlos, pero también podemos obtener su apoyo y aceptación, eso basta y sobra, para que salgamos adelante más rápidamente, tener tu grupo de apoyo es como tener un súper poder la verdad.

Capítulo 17
Ser traicionado puede ser algo necesario

Suena extraño esta afirmación y más cuando no entiendes el por qué, cuando no sabes el motivo de las cosas, menos vas a entender el qué de las cosas luego de que ocurrieron.

Pero como sabes luego de la tormenta llega la primavera, tus tormentas están en formas de momentos difíciles, rupturas, quiebras de algún tipo, y traiciones.

Solo en los momentos en los que tocamos fondo sabremos quienes son nuestros verdaderos amigos, y quienes nunca lo fueron en realidad, Un mal momento te hace abrir los ojos, y también te permite tomar diferentes decisiones, cambiar de rumbo, de lugar a uno nuevo.

En general cuando eres traicionado, abres los ojos ves con mayor objetividad la situación y te replanteas las próximas decisiones que tomaras, y luego de un tiempo te das cuenta que gracias a esa traición tu vida cambio de rumbo completamente.

Pero también hay casos en los que cuando a alguien le traicionan esa persona no cambia nada y sé que con la persona que la traiciono, o tal vez no aprendió la lección y cometió el mismo error al elegir otra persona parecida a la que le traicionó anteriormente.

Y sea algo bueno o malo, parece que nosotros los humanos aprendemos a través del sufrimientos, o del dolor, es difícil cuando pierdes clientes por tu poca experiencia en las ventas, es doloroso aceptarlo y continuar, desde ahí se debe hacer un trabajo interno para que prevalezca y encuentre los modos de realmente aprender y seguir adelante.

Puede causarnos pánico al hablar por primera vez en público, pero luego de varios intentos, te resulta algo natural.

Por eso digo que el dolor, o pánico a algo nos ayuda a desarrollarnos internamente, así adquirimos experiencia, por el resto de nuestras vidas, es algo que nadie nos puede quitar, podemos decir con orgullo que la experiencia que tenemos ahora es gracias a los golpes que nos ha dado la vida en el pasado, y hemos prevalecido en las diversidades de la vida.

Las personas son como son por las personas con las que se junta, por su manera de pensar, y también por la experiencia que ha adquirido.

Es como aprender a no tocar el fuego, tan básico como eso, como sabes que duele tocarlo, lo evitas, porque ya sabes lo que va a ocurrir.

Capítulo 18
La reputación de los traidores

Cuando las fuerzas alemanas invadieron Noruega en 1940, Quisling se autoproclamó "Ministerpresident" (primer ministro) y trató de establecer un gobierno títere colaboracionista. A pesar de ser rechazado por el rey Haakon VII y la mayoría de la población noruega, Quisling continuó colaborando estrechamente con los ocupantes alemanes, entregando información estratégica, persiguiendo a opositores políticos y ayudando en la deportación de judíos noruegos a campos de concentración.

La traición de Quisling le valió un lugar en la historia como sinónimo de traidor. Su nombre se convirtió en un término genérico para describir a cualquier persona que traiciona su país y colabora con el enemigo. Después de la guerra, fue arrestado, juzgado y ejecutado por traición.

La historia de Vidkun Quisling sirve como un recordatorio sombrío de cómo la ambición personal y la falta de lealtad pueden llevar a individuos a traicionar a su propia nación en tiempos de crisis.

Nada más malo para una reputación que traicionar a los tuyos, en grupo y que tu nombre preceda un significado realmente negativo para los demás, ahí reparar el daño es sumamente difícil, si es que uno quiera hacerlo en primer lugar.

La reputación de aquel que es desleal termina hundida en la perdición, como dijimos antes el que traiciona es quien realmente pierde, porque siempre estuvo mintiendo sobre quien era realmente.

No digo que el que traiciona no merece perdón, pero si recalco que una vez el traicionero se hace a la luz, su nombre quedará manchado y tachado mientras mayor sea la gente afecta peor para el que fue desleal, aquí superar la traición puede variar en su dificultad ya que como muchos han sido traicionados, todos ellos se pueden apoyar y fortalecerse mutuamente, de hecho estos suceso que son por los momentos difíciles que pasan las personas las hacen mejores, aquellas que han pasado por lo peor y han sabido salir adelante, son las personas que tienen fortaleza interior, de carácter, y también son más agradecidas con lo que tienen ya que saben y reconocen el valor de las cosas y de lo verdadero.

No traiciones a los tuyos a tus valores he ideales, permanece fiel, aunque aparezcan oportunidades que te seduzcan a hacer lo incorrecto, mantente firme, desarrolla tu paciencia, y elige el camino correcto, aunque este sea más difícil a la larga es el que verdaderamente vale la pena.

Los placeres de la vida simplemente nos desvían de nuestro camino, nos retrasan, incluso nos puede retener por cumplir nuestro cometido en este mundo.

Capítulo 19
Qué camino elegir

Hércules, el héroe mitológico griego, se encontraba en una encrucijada en su vida. En un camino, vislumbraba la senda ancha y fácil, marcada por la comodidad y la indulgencia. En el otro, se extendía un sendero angosto y escarpado, lleno de desafíos y sacrificios, pero también de grandeza y virtud.

En su corazón, Hércules sabía que el camino fácil lo llevaría a la mediocridad y la decadencia, mientras que el camino difícil lo conduciría a la grandeza y la inmortalidad. Con valentía y determinación, decidió tomar el sendero difícil, enfrentando pruebas y tribulaciones con coraje y perseverancia.

A lo largo de su vida, Hércules enfrentó numerosos desafíos, desde monstruos temibles hasta pruebas de resistencia y carácter. Sin embargo, cada obstáculo superado lo acercaba más a su destino de convertirse en un héroe legendario.

Al final, la elección de Hércules de tomar el camino difícil demostró ser la correcta. A través de sus hazañas heroicas y su dedicación al servicio y la virtud, se ganó un lugar entre los dioses en el Olimpo, siendo recordado por la eternidad como uno de los más grandes héroes de la mitología griega.

Cada día tomamos decisiones, pequeñas que aparentemente no ejercen ningún cambio.

Pero no te confundas ni te dejes llevar por las respuestas rápidas, pues en realidad están vacías.

No te dejes llevar por lo superficial, y por los placeres, mantente firme y enfocado en lo que sabes que es correcto, tomar el camino fácil a costado mucho para aquello que se dejaron seducir por ellas.

Es muy fácil ser flojo, no tomar responsabilidad, no hacerse cargo ni responsable, no dar la cara cuando lo amerita, es fácil mentir y traicionar cuando la gente confía en ti porque no tiene dudas sobre ti, el camino fácil cuesta muy caro a la larga, tomarlo puede hacer que no cumplas con tu cometido he incluso algo peor.

Mantente firme y no permitas que por hacer las cosas fáciles te desvíes de tu verdadero camino, recuerda que por cada camino que tomemos vamos a pagar el precio de ello, así que mejor cultiva la paciencia, no tomes decisiones sin meditar y reflexionar.

No vendas a tus amigos por cantidades de plata que te ofrezcan el dinero va y viene pero las verdaderas amistades incluso podrían pasar una vez en la vida.

No dejes tus responsabilidades porque son una carga muy pesada por cumplir, porque los que se mantienen y luchan por sus ideales, por lo que es suyo, verán los frutos de una manera muy prospera y lo disfrutará más que haber tomado el camino fácil de dejarlo, o de traicionar tus responsabilidades y tus relaciones.

Te habrás dado cuenta que además de superar traiciones tú debes ser ejemplo de lo que no se debe ser y de lo que sí tiene que ser.

Capítulo 20
¿Volverá a ocurrir?

A estas alturas te preguntarás realmente si volverá a ocurrir las cosas malas que algunas ves pasaron en el pasado, sería mejor evitarlas ¿no?

Quisiera saber cuál es tu opinión ante esta pregunta porque la respuesta siempre es la que menos se esperan las personas y se quedan con la boca abierta por lo menos la primera vez que la escuchan.

Pero así es la vida, es inesperada, es injusta, no es perfecta, con todo y sus fallas la vida es bella, por eso que cuando te preguntas si ¿Me volverán a traicionar? Tenlo por seguro así será y más seguido de lo que imaginas, pero no te desanimes, mientras más experiencia adquieras sabrás como manejar cada situación que se te presente con mayor sabiduría.

Llegará un momento en el que ni tú mismo te reconocerás serás otra persona desde tu nueva perspectiva, te sentirás orgulloso/a por la persona en la que te convertirás, como dije anteriormente es algo que nadie te puede quitar quien tu eres.

La vida es bella con todo lo bueno y todo lo malo que tiene.

En cada situación cuando veas que el mal está ahí no lo niegues, acéptalo como parte de, porque después de los sucesos se puede extraer diferencia lo bueno sobre lo malo.

Además no temas y tampoco niegues las cosas que pasan, mantén la calma, y ten coraje, pues las cosas que nos dan miedo parecen más grandes de las que realmente son.

No te preocupes si volverá a ocurrir, mejor, preocúpate de mantener tus ideales primero, y serte fiel a tus valores, mientras permanezcas integro, nadie puede oponerse a ti porque ante la verdad nadie puede discutir.

Capítulo 21
Déjalo ir

Tú no eres lo que te hicieron, eres algo más grande, tus malas experiencias no te representan, son cosas que solo pasan por la vida, y tu trabajo es dejarlo ir con orgullo, y con la frente en alto, siempre debes hacerlo, sabiendo que al final del día estas dando lo mejor que puedes hacer, es suficiente para cada día que una persona vive.

Cuando sientas que los demás te atacan enfócate en tu respiración estate presente y mantén la calma, deja ir tus emociones, siéntelas, no las retengas respira y déjalo ir, no te dejes llevar por las emociones, que pasan a través de ti y luego déjalas, no las evites, esto te ayudara a calmarte en situaciones difíciles y a aceptarlas tal y como son, tendemos a hacer las cosas más grandes de las que en realidad son.

Las emociones como la angustia son muy perjudiciales para la salud, porque ocurre cuando tienes un estrés prolongado, y al no poder manejarlo adecuadamente se estanca traduciéndolo en angustia.

Esta clase de emociones son frecuentes cuando uno a sido rotundamente traicionado, si a una persona que se lo hicieron, puede sentir hasta depresión, pero cuando ésta dura por mucho tiempo, es motivo del que preocuparse.

Al no poder dejar ir la situación y todo lo contrario se la retiene se busca otra clase de métodos para expresar ese tipo de emociones, esta es una de las maneras en las que las adicciones se vuelven perjudiciales para las personas, tratan de aliviar su angustia mediante el consumo de drogas adictivas para aliviar el dolor emocional.

Cada pensamiento y emoción que pasa dentro de las personas, no son de a gratis, cada pensamiento a la larga o es de ayuda o te cobra factura.

Aprende a polarizar estas emociones o pensamientos negativos enfocándote en lo que tu quieres, cuando empiezas a sentir emociones negativas por un suceso que te desagrada por completo, realiza la siguiente pregunta. Si esto es justo lo que no quiero, entonces ¿Qué es lo que quiero? Enfocarte en lo que quieres es desechar lo negativo de tu vida para empezar el logro de encontrar lo que es bueno para ti, es solo el primer paso, pero uno muy importante.

Emociones negativas como la angustia, la tristeza, o la depresión causadas por la traición se pueden dejar ir con práctica de dicho ejercicio, puedes agradecer porque están ahí pero despídete de esos sentimiento o pensamientos para volver a enfocarte en lo bueno, en lo positivo, en lo que sería productivo para ti.

Capítulo 22
Y al final lo único que importa

Al final lo que va a importar es en la clase de persona en la que te conviertes cuando vives todo el proceso, ¿Te volverás rencoroso? O tal vez más sabio, la realidad es que todo el proceso que uno pasa en estas situaciones te cambia si la traición fue inenarrable para ti es muy probable que tu transformación sea del mismo nivel, puede que pasen meses o años antes que puedas ver el pasado con nostalgia, recordar y poder decir que gracias a eso ahora yo soy una mejor persona que toma mejores decisiones, y puede derramar su experiencia en otras personas solo por su forma de ser.

Gracias a que lo dejaste ir y soltaste todo el dolor es cuando vas a crecer interiormente, y lo más gracioso es que la gente nota tu cambio y cuando lo notan tú también te das cuenta que algo dentro de ti ha cambiado y para bien, por eso, una manera de saber que has cambiado es cuando notas que las personas te perciben de una manera a la que no estás acostumbrado, pueden notar que has crecido como persona eso ya depende de que fue lo que fortaleciste dentro de ti para cada persona su camino es muy distinto.

Al final lo que importa es que terminaste con el ciclo de la traición trascendiendo tú mismo y saliendo ese círculo, salirse de los círculos viciosos de la vida es como se puede progresar de maneras maravillosas.

Capítulo 23

Logré superar la traición, ¿Ahora qué?

Puesto que fuiste capaz de afrontarlo de una manera inteligente, en todo el proceso, lograste gestionar tus emociones, y buscar el camino más adecuado para ti. Además que cambiaste como persona al superarlo.

Debes estar orgulloso por observar en la clase de persona en la que te has convertido, alguien más sabio, con mayor experiencia y madurez, incluso hasta mas agradecido con lo que te da la vida.

Pues bueno, una vez superado el mal momento entonces eso significa que ¿Todo terminó?

No realmente, o sea, en teoría terminó la traición con la consecución de tu aprendizaje y experiencia, y que aprendiste a dejarlo ir, ya no te afecta, perdonaste y eres libre ahora.

Pero en realidad no terminó, ahora que tu posees la experiencia, es tu responsabilidad darla a conocer a otros, debes compartir, lo que sabes de la forma en la que puedas o creas adecuada.

Las heridas una vez sanadas que te dejó la vida son recuerdos de que lograste salir adelante a pesar de las dificultades, son logros enormes de las cuales has de estar orgulloso.

Cuando acumulas mayor experiencia en la vida, notaras que las personas te identifican como alguien diferente, algo cambio en ti, con lo cual eso hace que ellos cambien, no siempre funciona así pero aquellos que vean la luz gracias a ti te lo agradecerán.

Tampoco es tu trabajo cambiar a los demás, si ellos no pueden ver la luz aunque se los pusieras en la cara no lo verían.

A ellos déjalos, es una pérdida de tiempo, enfócate en los que creen.

Y claro al haberlo superado y estar del otro lado, serás otra persona, ya no volverás a ser el mismo, ese yo del pasado habrá sido sacrificado por uno más sabio.

He apreciado en mi vida que aquellas personas, que tienen mayor experiencia y tienen más sabiduría, las gente de su alrededor están más agradecidas por tenerlas cerca.

Capítulo
CONCLUSION

Para finalizar sobre lo explicado, cada persona es un mundo, muy distinta unas de otras, yo soy de los que cree que cada persona tiene una historia qué contar, todos tienen algo que compartir con el mundo y poner su granito de arena, por eso soy fiel creyente que los libros son de una gran ayuda para solucionar algún tipo de problema.

En mi caso yo hace un par de años vivía una época en la que era mucho más ingenuo, he inocente, yo también viví una experiencia de traición, pero en este caso fue de una manera que no se me habría ocurrido, me resulta fácil hacer amigos, con frecuencia, con el tiempo suficiente me hago amigos de todo un aula de clases con cierta facilidad, pero yo buscaba amistades en las que pudiera afianzar un grupo consolidado en el que pudiéramos apoyarnos unos a otros, y que a la vez sea muy divertido compartir con cada integrante al igual de ver que cada individuo se llevaba de manera armoniosa con los demás integrantes, eso me fascinaba, era como que lo tenía todo con aquel grupo, ese grupo empezó con un amigo, que después con el pasar de los años por formas que no entiendo, mi amigo logró acoplar a otras personas de una manera satisfactoria, creando así un pequeño grupo de amigos pero bien consolidados, por mi parte esto realmente me agradaba, porque tener mas personas en las que puedas confiar y estar en armonía con ellas de una manera profunda vale mucho, parecía que todo iba perfecto y no me preocupaba porque eran de esas amistades que no te las ves durante meses pero cuando se reúnen es realmente satisfactorio socializar.

Mi amigo con el primero que entable la amistad, era muy propenso a andar con pareja, casi siempre que hablábamos ya estaba de pareja con alguien, digo mientras mi amigo sea feliz o necesite apoyo, yo voy a estar ahí para ayudarlo, pues asi íbamos durante muchos años, compartiendo, conociendo más amigos algunos se quedaban otros no volvían, hasta que luego de varios años consolidamos un grupo de amigos muy bien consolidado, que se basaba en nuestros principios, incluso estilo de cada quien, cada uno de otro era en cierta medida muy diferente de los demás pero esa era la gracia, cada quien tenia su chispa llamémosle, lo curioso es que los nuevos integrantes adoptaban la misma necesidad de querer estar siempre en pareja con alguna chica, al igual que mi amigo con el que empezó todo, por mi parte no hay problema, supongo que el era quien atraía a esas personas, aunque yo no era así realmente, lo curioso es que este amigo, sus novias de alguna manera lo ponían a competir a mi amigo entre otros chicos, y bueno para un hombre eso es para enfurecerse, lo que observe es que mi amigo con el pasar del tiempo era más frio, o mas malo en el sentido de rebelde, o el chico malo, a mi no me preocupaba, aunque me parecía interesante los cambios internos que llevaba. En una época ya en el que pasaron los años, este grupo de amigos me invitan a un cierto deporte en el que chicos y chicas la pasan muy bien, ahí conocí a una chica que me invito a ir al gimnasio con una de sus amigas, yo les enseñaba ha hacer los ejercicios era muy estimulante, sin darme cuenta, empezaba a tener sentimientos por esta chica, aunque yo no buscaba pareja, pues aquí hay alguien a quien me da la sensación de que puedo formalizar con ella, pero me detuve y no lo hice, no se por que, me di mi tiempo, de reflexionar, lo extraño es que esta chica tiene algo que te hace vibrar muy fuerte, y eleva tu energía, parecía que me hubiera embrujado para enamorarme, pero como era de esperarse, mi amigo con el que inicie la amistad, formalizo con ella solo para unas semanas después engañarle otra mujer, de alguna forma a mi me dolió lo ocurrido de una manera desgarradora, y mi actitud o mi dolor lo notó mi amigo que, no sabia lo que sentía por la chica con anterioridad, pero ya lo sabía, entonces decidí alejarme de el y del grupo por un tiempo, para pensar que hacer, claro en su momento fue muy intensa la sensación, entonces luego de unos meses volvi a tomar contacto con el para expresar el dolor que sentía, y al parecer fue razonable su respuesta, fui claro con el con lo sucedido, porque crei que era lo correcto contarle, lo curioso es que cuando me aleje todos esos meses, los demás chicos del grupo ya no frecuentaban, es más curiosamente se habían alejado todos, y cuando regresé, entonces todos volvimos a retomar amistad, parecía que las cosas iban a volver como antes, lo cual yo extrañaba, de repente un día cualquiera recibo llamada de uno de los amigos del grupo consolidado, queriendo que nos reunamos, yo accedí, segundos después me llama el otro, con el que empezó todo, igual queriendo reunirnos, con lo cual también accedí, y concluye con un "estoy con ella" no sé con que intención lo hizo, o a modo de broma pero, me hizo enfurecer de una manera desgarradora, yo creo que con eso no se juega, entre amigos, y puede ser que con una pocas palabras pueden aniquilar años de amistad, podría considerarse una traición entre cabaleros, diciendo las palabras justas en el momento justo, en mi interior recuerdo haber visto la imagen de una mano gigante cortando lazos de una ves por todas con esta amistad, como que ya estaba decidido, de forma contundente, así que simplemente me alejé, pero esta ves para no regresar, esta vez sentí un vacío profundo en mi interior, como si algo se hubiera muerto o si hubiera perdido una enorme carga, y estuviera ligero, ¿Estaba triste? Tenlo por seguro, fue como que se abrió una enorme herida por haberlos dejado de una vez por todas, más el dolor adicional intencionado que hizo en la llamada, fue demasiado dramático en su momento, y después de lo ocurrido y haber dejado atrás años de amistad, solo sentía un enorme vacío, como que nada ni nadie pudiera llenarlo, tenía las ganas de empezar de cero, un nuevo rumbo, y no se como, pero resulta que una de las amigas que me presentaron, me invito a a los partidos de chicos y chicas, ahí conocí y consolidé un nuevo grupo de amigos enfocados en el deporte, pero con ellos nos manejábamos desde el margen del respeto y lo tolerable, viéndolo todo en retrospectiva, realmente fue sabio haber tomado la decisión de alejarme, en esa época, y hacer campo en mi vida para las nuevas experiencias, y nuevas personas con las que comparto en mi vida, yo creo que las cosas realmente funcionan así, al dar espacio en tu vida estas permitiendo que cosas nuevas lleguen he incluso mejores, pero eso sí, debes tomar una rotunda decisión y aferrarte a ella hasta el final sin importar qué, porque luego verás los resultados, y verás que todo fue para mejor, todo el proceso ha valido la pena.

Agradecimientos

Quiero agradecer a mi familia por el apoyo que me dieron al escribir este libro, a mi hermano Rodrigo por darme muchas ideas que implemente en este libro y en los anteriores, tu apoyo me incentiva a escribir más libros, agradecer a mis padres, por su apoyo, y a todas las experiencias vividas para poder compartirlas contigo querido lector

Don't miss out!

Visit the website below and you can sign up to receive emails whenever Christian Peña publishes a new book. There's no charge and no obligation.

https://books2read.com/r/B-A-OZFAB-MNZAD

Did you love *Cómo superar una Traición*? Then you should read *Madurez Emocional*[1] by Christian Peña!

[2]

Considero que las emociones son una parte importante en la vida de las personas, que con ellas podemos lograr cosas inimaginables, el poder que tienen nuestras emociones nos hace tomar decisiones que pueden hacernos cambiar nuestras vidas para vida, dejando atrás enseñanzas que se quedarán con nostros y que nadie nos podrá quitar, es por eso que escribí este libro, es una guía que te ayudará a saber cómo lograr la Madurez Emocional de manera constante,

Lograr la Madurez Emocional en nuestras vidas es un trabajo que se debe realizar cada día, se debe integrar dentro de tus creencias y principios, para que puedas lograr una gran realización en todos los aspectos emocionales de tu via, canalizar las emociones negativas como,

---

1. https://books2read.com/u/m2KZol

2. https://books2read.com/u/m2KZol

la ira, el odio, la tristeza, en realidad es una gran fuerza para redireccionar
a donde que estar o lo que queremos lograr.

Also by Christian Peña

Cuentos infantiles sobre valores morales
Tito el oso Perdido
Amigos por Siempre
El secreto de Halloween

Despertar del Engaño
Cómo romper las cadenas de la manipulación
Madurez Emocional
Cómo superar una Traición

Standalone
La Astucia de los Zorros